P6
3900

Pb
3900

ERRATA ET OMISSIONS.

Page 6, lig. 9, *coûta*; lisez, *avait coûté*.
Ibid. l. 23 & 24, *de l'Amérique*; lisez, *du Nouveau-Monde*.
Ibid. l. 24, *Sénat*; ajoutez, *Britannique*.
Ibid. n. 1, *de Londres*; lisez, *d'Angleterre*.
P. 7, l. 3, *point*; lisez, *pas*.
P. 8, l. 3, *corriger les vices de sa constitution*; lisez, *cimenter sa nouvelle constitution*.
P. 14, l. 16, *Supériorité*; ajoutez, *naturelle*.
P. 18, avant la 7e. l., ajoutez, *déjà, sous un Chef intrépide, qui par les ressources de son génie semble se suffire à lui-même, la Marine Française déployait aux yeux de l'Asie étonnée, l'éclat que Dugué-Trouin lui avait autrefois donné sur l'Océan Atlantique.*
Ibid. l. 7, *parfait*; lisez, *partait*.
P. 28, l. 15, *sous*; lisez, *sur*.
Ibid. l. 27, *point*; lisez, *pas*.
P. 33, l. 29, *assez*, lisez, *plus*.
P. 35, l. 10 & 11, *le grand avantage qu'elle doit directement retirer*; lisez, *les avantages propres qu'elle doit retirer*.
P. 36, l. 13, aux not., *dans le banc*; lisez, *sur le banc*.
P. 39, l. 4, *j'ose même avancer qu'il serait, &c.*; lisez, *peut-être serait-il, &c.*

DISCOURS

Qui a remporté le Prix à l'Académie des Jeux Floraux en 1784,

SUR

LA GRANDEUR

ET

L'IMPORTANCE

DE LA RÉVOLUTION

QUI VIENT DE S'OPÉRER

DANS L'AMÉRIQUE SEPTENTRIONALE.

PAR M. MAILHE, Avocat au Parlement.

Magnus ab integro sæclorum nascitur ordo.
VIRG. Egl. IV.

A TOULOUSE,

De l'Imprimerie de D. DESCLASSAN, Maître-ès-Arts, Imprimeur de l'Académie Royale des Sciences.

M. DCC. LXXXIV.

DISCOURS
SUR
LA GRANDEUR
ET
L'IMPORTANCE
DE LA RÉVOLUTION
QUI VIENT DE S'OPÉRER
DANS L'AMÉRIQUE SEPTENTRIONALE.

TANDIS que l'Amérique feptentrionale s'empreffe d'ériger des Statues aux Reftaurateurs de fa liberté, la plus ancienne des Sociétés Littéraires leur prépare un monument plus éclatant & plus durable. Elle offre fes palmes à l'Orateur qui célébrera le plus dignement une révolution qu'on peut regarder comme le triomphe de la politique & de l'humanité. La tâche qu'elle impofe, eft fans doute au-deffus des Génies ordinaires : quel eft l'homme affez pénétrant pour fonder les fecrets des Souverains, pour porter ſes regards juſques dans la nuit des ſiècles futurs ? Si j'oſe tenter une ſi haute entrepriſe, ce n'eſt pas que je me laiſſe ſéduire par une confiance préſomptueuſe ; mais je ne puis réſiſter à l'impulſion du zèle patriotique qui anime dans ce moment tous les cœurs Américains (1).

Tâchons donc de tracer le tableau de la plus grande, de la plus importante des révolutions : ſa grandeur eſt fondée ſur les difficultés qu'il a fallu vaincre pour l'opérer, ſur le courage de mes Concitoyens, ſur la généroſité de nos Alliés, ſur l'étonnante réſiſtance d'un Peuple accablé par le nombre des ennemis que ſon ambition lui avait ſuſcités.

Son importance conſiſte dans les effets qu'elle doit produire ; il ne s'agit pas ici d'un intérêt particulier ou momentané, c'eſt l'intérêt de tous les Peuples exiſtans, de tous les temps à venir.

Quel que ſoit le ſuccès de mes efforts, il eſt un prix que mes Concurrens ne ſauraient m'enlever ; je le trouve dans les ſentimens délicieux dont je ſuis pénétré en publiant la gloire de ma Patrie & celle de ſes Libérateurs.

---

(1) L'Auteur a cru qu'en mettant ce Diſcours dans la bouche d'un Américain, il pourroit le rendre plus intéreſſant, & lui donner peut-être plus de préciſion & de chaleur.

PREMIÈRE PARTIE.

L'Amérique méridionale gémiffait depuis plus d'un fiècle fous un fceptre de fer, fans que le bruit de fes chaînes fût parvenu jufqu'à nous. Ce n'était qu'en perdant la liberté à fon tour, que le Nord du nouveau Monde devait connaître les principes & les mœurs de l'Europe. Subjugués dans un temps où les Efpagnols mêmes commençaient à rougir de leur férocité, nos pères furent moins malheureux que les Caraïbes & les Péruviens; ils eurent du moins l'avantage de fubir la Loi d'une Nation Philofophe.

Nous devions nous attendre à vivre heureux à l'ombre d'une conftitution qui a l'égalité pour bafe; mais eft-il de Gouvernement affez fage pour réfifter à l'orgueil qu'infpirent les fuccès? Il en eft des Peuples comme des individus; modérés tant qu'ils font faibles, ils deviennent entreprenans, dès qu'ils peuvent l'être avec impunité. Qui fut plus humain que les premiers Confuls de la République Romaine? On eût dit que, dans leurs conquêtes, ils fe propofaient moins d'augmenter le nombre de leurs Tributaires, que celui de leurs Concitoyens: les extorfions de leurs Succeffeurs s'accrurent bientôt avec leur puiffance, & les richeffes du monde entier femblèrent dès-lors deftinées à fervir d'aliment au luxe d'une feule Ville.

Tels ont été de nos jours les Anglais. Les fuccès

de la dernière guerre ayant fait pencher sur leur tête la balance de l'Europe, ils se regardèrent comme les Arbitres de l'Univers. Nous avions contribué de toutes nos forces à l'exécution de leurs vastes projets ; & cependant, sous le prétexte spécieux qu'il fallait soutenir leur grandeur & leur gloire, ils saisirent ce moment pour ordonner des exactions inconnues dans nos Contrées. Ces fiers Républicains à qui l'édifice de leur liberté coûta tant de travaux & d'attentats, oublièrent que nous étions leurs frères, & que nous devions partager avec eux les prérogatives de la Métropole.

Rien de plus favorable aux usurpations des Gouvernemens, que les vices des Peuples qu'ils entreprennent d'asservir ; mais la corruption de nos voisins n'avait pas eu le temps de faire des progrès dans une terre récemment sortie du sein des eaux. Nous eûmes le courage de défendre nos propriétés & nos privilèges.

L'Anglais, pour nous envelopper dans les liens de ses Lois fiscales, déguise d'abord son avidité sous mille formes insidieuses ; le honteux succès de ses artifices irrite sa fierté : en vain le Nestor de l'Amérique obligé de comparaître devant le Sénat (1), lui déclare que rien ne saurait ébranler la fermeté d'un Peuple simple & vertueux ; on ose nous me-

---

(1) Voyez le fameux interrogatoire que le Parlement de Londres fit subir à Francklin devant la Barre du Palais.

nacer d'employer contre nous la ressource des tyrans, la force ouverte.

Que ne fîmes-nous point pour éteindre dans sa naissance l'embrasement qui se formait dans nos climats ? Mais la voix du despotisme étouffa les réclamations de la nature. Réduits à la triste alternative de nous ranger sous le joug d'une obéissance servile, ou de suivre le conseil d'un juste désespoir, le premier parti répugnait à la générosité de nos ames ; le second étoit effrayant par les calamités inséparables d'une guerre civile. Nous avions d'ailleurs à combattre les prétentions d'un peuple, qui semblait devoir nous écraser par le moindre de ses mouvemens. Dans cette affreuse extrêmité, l'Amérique s'assemble en Congrès, & porte ses regards sur toutes les parties du Globe, pour y former des liaisons politiques. Elle ne voit dans l'Amérique méridionale que des Colons impuissans, dont les facultés physiques & morales sont asservies à l'impulsion qu'elles reçoivent de l'Europe. L'Afrique est devenue depuis long-temps l'apanage du despotisme & de la stupidité. L'Asie alternativement déchirée par la cupidité des étrangers & par ses troubles intestins, s'endort dans les temps de calme au sein de la mollesse qu'inspire son climat. L'Europe peut donc seule seconder les efforts du Congrès ; mais à quelle Puissance s'adressera-t-il ? A la Hollande ? Elle tient à l'Angleterre par le plus puissant des liens, par l'intérêt ; à la Suede ?

A peine arrachée par le génie de Vergennes à la plus orageuse des Aristocraties, elle ne songe qu'à corriger les vices de sa constitution ; au Danemarck ? Il est encore à l'aurore des beaux jours que lui promet la sagesse de ses nouvelles Lois ; à la Russie ? Elle n'a laissé respirer le croissant, que pour se préparer à lui porter de nouveaux coups. Que pouvons-nous espérer de l'Allemagne ? Outre que son influence maritime ne s'étend pas au-delà de l'Océan baltique, cet empire est une masse lourde, embarrassée dans ses mouvemens, dont le Chef travaille en vain à lui communiquer l'activité de son ame. La Prusse est aussi florissante au-dedans que redoutable au-dehors ; mais sans Ports & sans Vaisseaux, pourrait-elle faire sentir au-delà des mers l'ascendant qu'elle a pris sur les Etats qui l'environnent ? Pourquoi nous occuper de la Pologne & de l'Italie ? Il ne reste à celle-ci que le souvenir de son antique splendeur ; celle-là n'a plus de poids dans la balance politique. Les Etats-Unis trouveraient de grands avantages dans l'alliance du Portugal ; mais la vaine crainte d'être envahie de nouveau par ses voisins, la retient encore sous la tutelle des Anglais. L'Espagne & la France sont les seules Puissances en qui l'intérêt se trouve réuni au pouvoir de nous défendre & d'arrêter les progrès menaçans de la Grande-Bretagne ; mais l'une craint que l'incendie allumé à Boston ne s'étende jusqu'à Lima ; l'autre dirigée par les conseils d'une juste & sage politique, attend, pour se déclarer, que toutes les voies de conciliation soient épuisées.

Sans espoir de secours, du moins prochain, livrés à nous-mêmes, nous nous rappelâmes que Guillaume Tell, avec une poignée de paysans, avait triomphé de la Puissance Autrichienne. Nous nous rappelâmes que l'orgueil & les forces d'un Monarque qui régnait sur les deux hémisphères, avaient échoué contre la résistance de quelques misérables Pêcheurs de Harengs. Animés par ces grands exemples, nous conçûmes le hardi projet d'élever un nouveau Temple à la Liberté.

Que ne peut le Patriotisme sur les cœurs qu'il enflamme ? Je frémis encore au souvenir des obstacles que nous avions à surmonter. Nous ignorions jusqu'aux élémens de la tactique. Les travaux champêtres, cette premiere destination de l'homme, avoient fait jusqu'alors notre unique occupation. Nos Côtes & nos Villes étoient sans défense; c'était la faiblesse qui s'armait contre la force, la franchise contre la ruse, l'inexpérience contre des soldats aguerris.

Mais la nature enfante quelquefois de ces hommes extraordinaires, qui, par l'ascendant de leur génie & de leur courage, remuent les ames à leur gré, les poussent impérieusement au chemin de l'honneur, & font éclore du sein même de la timidité, les actions les plus héroïques : tel était

Francklin à la tête du Congrès ; tel était Wafington à la tête de nos Armées. L'un a paffé fa vie à étudier les hommes, & les a étonnés par la fublimité de fes découvertes philofophiques, l'autre a trouvé dans fon ame l'énergie & la fermeté qui font les Héros ; le premier maîtrife les cœurs par la fageffe de fes confeils, le fecond les entraîne par la grandeur de fes actions : tous deux aiment leur Patrie, & brûlent du défir de la voir floriffante ; tous deux prévoient avec une efpece d'enthoufiafme l'heureufe influence que leurs fuccès doivent avoir fur le Commerce, fur les Arts, fur le fort de toutes les Nations. Commandés par de tels hommes, nous devions néceffairement faire triompher la liberté, ou mourir fous fes ruines !

Je ne fuivrai pas Wafington dans les divers combats qu'il eut à foutenir ; mais que j'aime à me le retracer toujours mefuré dans fes démarches, craignant de livrer au hafard d'une bataille la deftinée de fa Nation, bravant, à l'exemple de Fabius, les murmures qu'excite fa prudente lenteur, affaibliffant fes ennemis en évitant de les combattre, les harcelant du haut des montagnes, & faififfant l'inftant favorable à l'exécution de fes impénétrables deffeins !

O déteftable ambition, que tu as dégradé nos anciens amis ! humiliés de voir fuir leurs Armées devant un peuple d'Agriculteurs, ils ceffent de refpecter les Lois même de la Guerre ; & comme s'ils craignaient le retour des sentimens qui nous avaient réciproquement liés, ils associent à leurs fureurs des hordes de Sauvages. Ce n'est plus contre des hommes, c'est contre des monstres que nous avons à nous défendre. Moins effrayés qu'indignés des horreurs qui les environnent, les Américains ne craignent plus que de survivre à leur Patrie. Les femmes deviennent citoyennes, les enfans & les vieillards (1) deviennent soldats; & bientôt Saratoga (2) est aussi célèbre que les Fourches Caudines.

Cependant l'Univers avait les yeux fixés sur nous, incertain sur le nom qu'il devait nous donner. Tel est le vice de l'opinion, qu'elle ne se décide que par l'événement à flétrir ou à consacrer les grandes entreprises. Peut-être la mémoire de Brutus même ne serait arrivée à la postérité qu'avec les couleurs dont on peint les scélérats, si les partisans de la tyrannie eussent pu renverser la barrière qu'il avait élevée entre le Trône & les Tarquins.

―――

(1) *Ma mort peut être utile*, disait un Américain octogénaire qu'on voulait éloigner du champ de bataille; *je couvrirai de mon corps un plus jeune que moi.*

(2) Burgoyne, avec six mille hommes des mieux disciplinés de l'Europe, fut forcé, à Saratoga, de mettre bas les armes devant les Milices Américaines. Depuis que les Samnites firent passer sous le joug aux Fourches Caudines les Consuls Véturius & Posthumius, on n'avait pas vu remporter de victoire plus étonnante à la fois & plus complette.

Peuples & Souverains, la justice de notre cause peut-elle être un problème pour vous ? Lisez nos manifestes, vous n'y trouverez que l'éloquence de la douleur & de la vérité. N'avez-vous pas éprouvé vous-même de quoi l'Anglais est capable dans le délire de son ambition ? Ne craignez-vous point, s'il parvient à nous subjuguer, qu'il ne se serve de nos fers pour appesantir les vôtres ? Jusques à quand garderez-vous une neutralité si contraire à vos propres intérêts ?

Parmi les Nations de l'Europe, il en est une qui prise l'honneur plus que la vie, qui s'enflamme même pour des chimères, & qui, avec un caractère naturellement mobile, n'a jamais varié dans son amour pour la gloire, pour ses Rois & pour l'humanité. A peine est-elle instruite qu'il existe en Amérique un peuple opprimé, que son courage & sa générosité se réveillent. En vain l'Anglais couvre l'Océan de ses Vaisseaux ; en vain ses Flottes environnent nos Ports : rien n'arrête l'audace des Français. L'élite de leur noblesse s'échappe du séjour de la paix & des plaisirs, arrive à travers mille dangers aux lieux où nos plaintes l'appellent ; aussi-tôt nous voyons revivre dans nos contrées l'image de l'ancienne Chevalerie : aux prodiges de valeur que font Lafayette & ses Compagnons, on dirait que le Ciel, pour nous défendre, a rendu à la lumiere les Duguesclin & les Bayard.

Ce bonheur inespéré en amène bientôt un autre,

Le Gouvernement Français, après avoir long-temps balancé les motifs qui nous avaient fait prendre les armes, reconnaît notre indépendance. Quel aiguillon pour des hommes qui ont arboré l'étendard de la liberté ! L'ame de mes Concitoyens ne sera donc plus flétrie par la crainte du blâme ! l'Oracle qui a prononcé sur leur cause, s'accorde avec le Juge consolant qu'ils avaient déjà trouvé dans leur propre cœur. Voyez avec quelle nouvelle confiance ils vont prodiguer leur sang ! les Spartiates marchaient au combat avec moins d'intrépidité, lorsque les Dieux, qu'ils consultaient dans toutes leurs entreprises, leur avaient promis la victoire.

Heureux effet de l'impression, que produit sur les hommes l'autorité d'un grand exemple ! Dans un moment la vérité, comme un trait rapide, a par-tout subjugué l'opinion. Les deux hémisphères retentissent des éloges donnés à notre résistance & des cris d'indignation qu'excite l'injustice de nos ennemis.

Le levain de cette ancienne rivalité qui ébranla tant de fois les Trônes de Londres & de Versailles, fermentait depuis long-temps : honorera-t-on du nom de paix ce calme perfide qu'un traité tyrannique avait fait succéder aux hasards désastreux de la dernière Guerre ? Deux Nations vivent-elles en paix, tandis que l'une abusant d'une supériorité momentanée & de la fidélité trop scrupuleuse de l'autre, insulte impunément son pavillon sur toutes les mers, & ruine son Commerce dans les deux Mondes? L'embarras des dissentions civiles semblait devoir inspirer à l'Angleterre plus de ménagement pour une puissance toujours formidable, & dont la vigueur renaissante sous une heureuse administration, pouvait saisir le moment de venger tant d'injures; mais encore enivré de ses anciens succès, l'Anglais méconnaît sa faiblesse actuelle; & par de nouveaux outrages, il force la France à faire éclater enfin son juste ressentiment.

Quel est donc ce Peuple qui, ne pouvant résister à ses ennemis, ne craint pas d'en accroître le nombre? Est-ce un trait de démence ou de désespoir? Non, j'apperçois le piège que cache une si étrange démarche. L'Anglais sait combien les Souverains de l'Europe redoutent les effets de cette supériorité que donnent à la France son immense population, la fertilité de son sol & le génie de ses Habitans: en la réduisant à la nécessité de combattre, il espère sans doute inspirer aux autres Nations la crainte chimérique qu'elle n'élève sur les débris de l'Angleterre une Monarchie universelle; il se flatte de les exciter à renouveler la ligue qui rendit si orageux le commencement du dix-huitième siècle.

Mais comment l'Anglais parviendrait-il à rendre suspects les mouvemens d'un Monarque, qui ne s'est jamais occupé que du bonheur de l'humanité? Redouterait-on les Conseils qui l'environnent? Les

rênes de la Politique Française sont entre les mains d'un Ministre qui, par ses principes de justice & de modération, a mérité la confiance générale des Cours étrangères. Aussi LOUIS n'a-t-il besoin que d'exposer ses motifs à l'Europe pour la rassurer & la remplir à la fois d'étonnement & de reconnaissance; il me semble l'entendre annoncer aux Puissances la sublimité de ses vues : « Mon projet n'est point de
» détruire, mais de rétablir l'équilibre des Etats.
» Les mers sont le domaine commun des Nations,
» l'Anglais en a usurpé l'Empire. Il est temps de
» rendre au Commerce sa liberté, aux Arts leur
» éclat, aux Hommes leurs ressources & leur re-
» pos. C'est votre cause, plus que la mienne, c'est
» la cause de tous les Peuples que je vais dé-
» fendre. »

Depuis que l'ambition a introduit parmi les hommes l'art de s'égorger pour des intérêts d'Etat, on n'a point vu de Monarque qui ait consacré son pouvoir à un objet plus grand, plus digne de fixer l'attention de la Terre & du Ciel.

Je laisse à l'Histoire le soin de recueillir les détails de cette Guerre dont le Globe entier a ressenti les secousses. C'est à elle à raconter comment l'Anglais dut se rappeler à Ouessant que ses flottes ne sont pas invincibles; c'est à elle à représenter Charles III, soutenant le rôle de Médiateur avec une dignité vraiment royale, & ne se déclarant pour la France & pour nous, qu'après que la

Grande-Bretagne eut fermé l'oreille aux propositions les plus équitables ; quelle montre Cornwalis, pleurant dans les fers le terrible changement qu'éprouve la destinée de sa Patrie ; elle peindra le pavillon français volant de l'une à l'autre Inde, effaçant par les plus brillans exploits ses anciennes humiliations, entrant sous les ailes de la victoire dans la Grenade & dans Saint-Eustache, forçant le fier Byron à chercher son salut dans la fuite, ou à se tenir honteusement retranché dans ses Ports. Que d'actions héroïques n'aura-t-elle pas à célébrer ? Avec quelle douce satisfaction ne rappellera-t-elle pas les noms de tant de Capitaines, qui ont figuré avec gloire sur cette scène intéressante ?

L'horrible ingratitude dont l'Anglais a payé les bienfaits de ma Patrie, pourrait-elle me dispenser d'être juste & vrai ? Avouons-le ; jamais ce Peuple ne s'est montré si grand que dans son adversité. Il voit, contre son attente, que les Puissances dont il avait cherché à réveiller la jalousie, se contentent d'être simples spectatrices de cette grande querelle ; que des armées redoutables sont prêtes à inonder les possessions qui lui restent dans l'Amérique & sur les riches côtes de l'Indostan ; il voit la tempête s'avancer avec fracas jusques vers ses foyers.... cependant son courage ne l'abandonne point. Il contemple sans effroi l'immense précipice que son ambition a creusé sous ses pas ; il semble avoir oublié le soin de son existence pour ne songer

qu'à

qu'à celui de sa gloire. Telles étaient, mais pour une cause plus juste, ces petites & célèbres Républiques de la Grèce, lorsque les forces de l'Asie, rassemblées sur l'Hellespont, les menaçaient d'une destruction totale.

Que l'éloquence est puissante dans la bouche des hommes libres ! A peine s'est-elle fait entendre dans le Sénat de Londres, que les cœurs les plus indifférens se réveillent à sa voix ; le luxe & l'oisiveté s'empressent de sacrifier sur l'Autel du Patriotisme ; tous les partis se réunissent, tous les bras deviennent utiles, & déjà l'Anglais reparaît sur les Mers avec un appareil qui annonce qu'il n'a pas perdu l'espoir d'en conserver l'empire.

Mais à qui confiera-t-il les restes d'une splendeur, qu'un seul revers peut achever d'éclipser ? Il sait que les succès d'un Amiral ne dépendent pas moins de son bonheur que de son habileté. C'est donc toi qu'il choisit, heureux Rodney, toi qui aurais assez fait pour surpasser tes Rivaux, si la fortune avait eu moins de part à la rapidité de tes exploits : tu lui dois la gloire d'avoir mis Gibraltar à couvert des assauts de nos Alliés ; tu lui dois les étonnantes victoires que t'ont vu remporter les Mers de l'Amérique & de l'Europe. Dans des temps moins critiques pour ta Nation, ces brillans événemens auraient comblé la mesure de son ambition & de sa puissance ; mais ces grands efforts étaient les dernières convulsions de la fierté Britannique. Les

B

Bourbons jufqu'ici n'ont déployé qu'une partie de leurs forces. Surpris d'une réfiftance à laquelle ils ne s'étaient pas attendus, ils fe préparent à renverfer d'un feul coup ce Coloffe, qui, malgré la mutilation de fes membres, conferve toujours un air fuperbe & menaçant.

Déjà parfait avec l'élite de deux Nations belliqueufes, cet Homme célèbre que l'Angleterre n'entendit jamais nommer fans effroi; ce Guerrier ardent dont les bras avaient été long-temps enchaînés, & que le Soldat redemandait à grands cris. Au nombre de fes combattans, à la confiance, aux tranfports qui les animent, on dirait qu'ils vont conquérir l'Univers; c'eft un torrent qu'aucune force humaine ne faurait arrêter... A ce terrible afpect, l'Anglais fent expirer fon orgueil; fon front encore rayonnant de l'éclat de deux grandes victoires, eft humblement tourné vers la paix; & ce Peuple fi accoutumé à donner la Loi, fe préfente enfin pour la recevoir. Mais n'aura-t-il pas cédé trop tard? Le Monarque Français voudra-t-il perdre le fruit de fes immenfes préparatifs? Il a des poffeffions à recouvrer, des outrages à venger; encore une campagne, & le Sceptre des Mers peut paffer dans fes mains avec les débris de la Monarchie Anglaife. Qu'il eft difficile de fe contenir dans des circonftances auffi féduifantes! Mais plus l'exemple d'un Souverain que l'ambition n'entraîne jamais au-delà des limites de la Juftice, eſt rare , plus il mérite les hommages de ſon ſiècle & de la poſtérité. La véritable grandeur eſt fondée ſur la modération ; & le Héros ne ſe diſtingue du brigand que par l'uſage qu'il fait de ſes forces. Qui jugerons - nous donc le plus grand , du fougueux ALEXANDRE attendant à Babylone les Ambaſſadeurs de toutes les Puiſſances, qui viennent lui apporter les tributs ſanglans des Nations vaincues , ou de LOUIS, qui , content d'avoir ôté à ſes Rivaux le pouvoir d'être injuſtes , & d'avoir garanti l'indépendance d'un Peuple juſqu'alors malheureux , ſacrifie tous ſes avantages à l'honneur de pacifier l'Univers ?

Si cette révolution eſt grande par le ſpectacle des vertus de ſes Auteurs , combien n'eſt-elle pas importante par les effets qui doivent en réſulter ?

SECONDE PARTIE.

L'HISTOIRE a conſacré le ſouvenir d'une infinité de guerres entrepriſes par l'ambition & le brigandage, ſuivies de la dépopulation & de la chûte des Empires, de la deſtruction des Arts & des Mœurs, & ſouvent auſſi fatales aux Vainqueurs qu'aux Vaincus ; mais elle ne parle que d'un petit nombre de révolutions utiles aux hommes , & dont les effets rarement durables, étaient d'ailleurs reſſerrés dans quelque partie étroite de l'Univers : il n'en eſt pas ainſi de celle qui vient de s'opérer dans l'Amérique septentrionale ; c'eſt peu d'avoir ramené la paix & le bonheur dans une vaſte Contrée, elle doit influer encore ſur le ſort du genre humain, & les générations futures partageront avec nous les fruits de cet heureux événement. Jetons d'abord un coup d'œil ſur ma Patrie, puiſque c'eſt de ſon ſein qu'eſt parti le premier rayon de la nouvelle lumière qui va briller ſur le Globe entier.

Notre ſituation reſſemble à celle d'un Pilote qui, après avoir long-temps erré au gré des tempêtes à travers les écueils, voit enfin la fureur des flots céder à la douce influence des zéphirs ; avant de ſe livrer aux vents favorables qui l'invitent à voguer en pleine mer, il commence par réparer les mâts & les cordages. A ſon exemple, nous nous ſommes appliqués à fermer les plaies de la guerre ; & ſi j'en juge par l'ardeur de mes Concitoyens, le moment n'eſt pas éloigné, où le grand vaiſſeau de l'Etat pourra prendre une direction conforme à nos vœux.

C'eſt dans les révolutions que le génie ſe développe ; les ſiècles D'AUGUSTE, de LÉON X, de LOUIS XIV, ne dûrent leur ſplendeur qu'aux criſes violentes qui les avaient précédés ; mais les circonſtances qui les firent éclore, peuvent-elles être comparées à celles où ſe trouve l'Amérique ? Elle eſt peuplée d'hommes robuſtes, laborieux, auſſi ſimples que la nature ; elle jouit de la liberté civile, morale & politique. Point d'entraves qui l'empêchent de penser, d'éclairer le Gouvernement, de déployer toute son activité! Point de préjugés qui autorisent les passions à désoler la terre au nom du Ciel!

C'est par des Lois relatives à l'action de son climat, au caractère & aux mœurs de ses Citoyens, qu'un Etat acquiert une constitution vigoureuse. Quelle Nation moderne peut se vanter d'être régie par de pareilles Lois ? Les Codes Européens sont un dédale inextricable, où l'on a confondu successivement & au hasard les Coutumes des Peuples vainqueurs & des Peuples vaincus, des Nations barbares & des Nations policées, des siècles d'ignorance & des siècles éclairés. Comment remédier à ce vice devenu la source de la plupart des maux qui affligent l'humanité ? Rejetez cet amas de Lois étrangères, pour leur en substituer de nouvelles qui vous soient propres; imitez l'Amérique septentrionale. Tel qu'autrefois Archimède, au milieu de sa Patrie en cendres, cherchait dans les profondeurs de la géométrie les moyens de la sauver, tel le Congrès, environné des horreurs de la guerre, conçoit & exécute ce Code déjà si célèbre ; Code dicté par la Sagesse sous les auspices de la Liberté ; Code qui doit être le produit de la raison combinée avec l'expérience de tous les âges. Quels heureux effets ne produira pas un si bel exemple sur l'esprit des Gouvernemens ? Témoins de l'éclat que la plus simple des constitutions va donner à l'Amérique, ils ne borneront point sans doute à une admiration stérile les sentimens que doit leur inspirer un tel spectacle.

Mais l'on a vu des Peuples, après une révolution, passer tout-à-coup de la plus vive énergie à un relâchement absolu, & perdre en un instant le fruit des plus pénibles travaux : pouvons-nous assurer que notre République naissante n'éprouvera pas bientôt le même sort ? C'est un problême politique dont l'expérience nous fournit la solution.

Lorsque l'attrait de la nouveauté allume le flambeau des discordes civiles, que l'avarice ou l'ambition arme un parti contre l'autre, que l'Etat ne fait que changer de Tyran, les Vainqueurs, semblables à ces eaux empoisonnées qui ne perdent jamais le caractère de la source d'où elles coulent, conservent dans leurs ames un levain impur toujours prêt à produire de nouvelles dissentions : c'est ce qu'on remarqua chez les Romains qui, vers le déclin de leur République, & sous le règne des Empereurs, ne firent que des élans passagers vers la liberté, ou ne se battirent que pour le choix d'un Maître : c'est ce qui se renouvelle tous les jours dans l'Asie, où de malheureux Esclaves secouent quelquefois leurs chaînes pour en recevoir un moment après de plus pesantes & de plus odieuses.

Mais lorsqu'un Peuple, qui a inutilement réclamé les droits de la nature, s'élève enfin contre la tyrannie, & parvient à recouvrer sa liberté, les effets dont une telle révolution est suivie, se ressentent nécessairement de la cause qui l'a promue; les nouveaux Citoyens, fortifiés par les plus rudes épreuves, ne trouvent plus rien de pénible dans l'exercice de la vertu, & sont d'autant plus disposés à recevoir ses impressions, qu'ils ont appris à la regarder comme la sauve-garde du calme & du bonheur dont ils jouissent. Il s'est écoulé plus de quatre siècles depuis que les Suisses chassèrent leurs oppresseurs; ont-ils rien perdu de l'énergie que leur inspira cet événement célèbre ? La comparaison d'un Gouvernement fondé sur l'équité avec le despotisme insupportable de leurs anciens Maîtres, les tient perpétuellement en garde contre leurs passions, étend leurs idées, augmente le ressort de leurs ames, & nourrit dans leurs cœurs cet amour de la Patrie, mobile infaillible des plus grandes actions.

La cause de notre indépendance n'est pas moins juste, & les nœuds qui doivent nous attacher à la Patrie, seront, s'il se peut, plus indissolubles encore, parce que le physique concourt avec le moral pour les resserrer. Nous n'habitons pas un pays où le travail ait à lutter sans cesse & presque sans fruit contre la stérilité, où les hommes soient contraints de vendre leur sang à l'étranger pour se procurer en échange une modique subsistance. Placés sur un sol que la nature a favorisé de ses dons, il ne nous reste qu'à mettre en œuvre les ressources qui s'offrent en foule devant nous. Qui pourrait calculer les différens degrés de prospérité que l'Amérique doit naturellement parcourir ? Sans parler des Lacs & des Fleuves navigables qui vivifient l'intérieur de ses terres, où trouver des Ports, des Rades, des Havres plus commodes à la fois & plus nombreux ? Ne semble-t-elle pas destinée par sa position même à jouer dans les deux Mondes le rôle que l'Egypte, sous les Ptolémées, joua long-temps dans l'ancien ? Que serait-ce, si nous mesurions ses espérances prochaines sur son étendue, sur sa fertilité, sur la perspective de ses Manufactures naissantes, sur les progrès étonnans de sa population ? Je crois la voir transformer en vaisseaux ses immenses forêts, ouvrir à son industrie des routes inconnues, & acquérir par des succès sagement ménagés une consistance que n'eut jamais l'Angleterre dans les plus beaux jours de sa gloire. Mais tant d'avantages s'évanouiraient bientôt avec la vertu de ses Habitans, si l'amour du travail n'entretenait entre eux une égalité perpétuelle, si le premier des Arts, celui qui fait fleurir tous les autres, cessait d'être le premier objet des soins paternels du Congrès.

Qu'ailleurs l'opulence oisive écrase ou humilie la classe utile & nécessaire des Cultivateurs ! Chez nous, elle sera toujours honorée ; témoin la nouvelle institution de l'ordre de Cincinnatus, destiné à devenir la récompense de la vertu : quelle heureuse dénomination ! Combien ne sera-t-elle pas encourageante pour les Citoyens, à qui elle rappellera sans cesse ces temps heureux, où la terre orgueilleuse de se voir sillonnée par des Héros, ouvrait généreusement son sein & leur prodiguait ses trésors ?

Que j'aimerais à détailler toutes les opérations du Congrès & les divers avantages que nous devons retirer de notre indépendance à l'ombre d'une administration éclairée ! Mais l'étendue de mon sujet m'entraîne : d'ailleurs les effets de cette révolution devant être communs à tous les Peuples, ma Patrie ne se retrouvera-t-elle pas dans le tableau général que je vais tracer ? Pour le rendre plus sensible, portons rapidement nos regards sur les temps antérieurs à ce grand événement.

Plusieurs siècles avant la découverte du nouvel hémisphère, le genre humain était retombé dans sa première barbarie. Cette brillante époque fit naître un nouvel ordre & dans les choses & dans les idées : le Commerce se montra comme un second Soleil qui allait vivifier toutes les Parties de l'Univers, en y versant les lumières avec l'abondance ; mais l'Europe, jalouse de s'approprier les fruits d'un événement qui était son ouvrage, retarda dans ses nouvelles possessions les progrès de l'esprit humain, & le fit gémir sous les chaînes de son avarice ; de là les massacres qui dépeuplèrent l'Amérique, la méfiance meurtrière qu'on inspira aux Nations de l'Asie, & l'infame trafic d'hommes qui se fait encore en Afrique.

Les brigands s'accordent rarement, lorsqu'ils partagent les dépouilles des victimes immolées à leur férocité ; les Européens tournèrent leurs armes contre eux-mêmes, & enfanglantèrent les mers pour en difputer l'Empire. Après les chocs & les viciffitudes les plus contraires à la faine politique, l'Anglais franchit les barrières qui arrêtaient fon ambition, & parut fur les flots tel que la Fable nous peint Neptune, maîtrifant les orages & décidant à fon gré du fort des Navigateurs. Les autres Peuples de l'Europe, fans ceffer d'être oppreffeurs, furent opprimés à leur tour : le monde fut hériffé d'entraves oppofées par l'avidité britannique aux mouvemens de l'induftrie humaine.

Enfin les Bourbons ont vengé l'humanité outragée par une injufte domination ; ils ont revendiqué les droits primitifs & imprefcriptibles des Peuples : les mers font redevenues libres ; & c'eft cette liberté qui caractérife véritablement l'importance d'une révolution dont on n'aurait pas ofé foupçonner la poffibilité après le déplorable Traité de Verfailles. Dégagés de ces préjugés révoltans qui affignaient à une nation l'ufage exclufif de certaines parties de la mer, comme fi cet élément mobile était divifible ainfi que la terre, les Navigateurs de tous les Pays vogueront paifiblement vers les lieux où ils feront appelés par leurs différentes fpéculations. La multiplicité des échanges réveillera tous les efprits, peuplera tous les Ports, ranimera tous les Etats.

Le prix exceffif de ces fuperfluités qu'un long ufage a rendues néceffaires, fera diminué par la facilité des exportations ; & les Peuples qui ne voient croître chez eux que des denrées de premier befoin, encouragés par la poffibilité de fe procurer de plus douces jouiffances, étudieront mieux la nature de leur fol, & lui arracheront toutes les richeffes qu'il renferme. C'eft alors que le Commerce fera ce qu'il aurait dû toujours être, le plus fort aiguillon de l'Agriculture qui l'enfanta, & dans le fein de laquelle il rentre par fa circulation ; c'eft alors qu'il s'attirera une confidération d'autant plus folide, que fon utilité fera généralement reconnue. Combien de Nations qui l'ont négligé jufqu'ici, en feront le nerf de leur Gouvernement ? Que de Peuples inftruits à ne plus craindre ni pour leurs biens, ni pour leur liberté, céderont aux invitations des Peuples civilifés, apprendront à défricher leurs vaftes déferts, & parviendront à figurer parmi les Puiffances !

Et ne croyez point que cet efprit d'émulation qui va gagner dans tous les climats, doive nuire à la confiftance du Commerce, en le rendant trop général ! L'extenfion n'eft-elle pas un de fes premiers attributs ? C'eft un arbre dont les branches embraffent l'Univers, fans jamais épuifer fa fève : je ne dis pas affez ; le Commerce trouve fon aliment dans fes progrès mêmes, fes reffources croiffent avec les befoins de ceux qui le cultivent, & fes richesses en se consommant deviennent la source de nouvelles richesses. Qu'il sera beau de le voir désormais, libre dans ses mouvemens, multiplier les canaux qui roulent ses trésors, fortifier par les commodités de la vie l'instinct de la reproduction humaine, rapprocher les Peuples les moins sociables, extirper, par l'attrait des avantages que présente une communication facile, les préjugés nationaux & religieux, porter le dernier coup au Despotisme, & diminuer la masse des maux qui ravagent la terre!

Vous participerez à cet accroissement d'activité, heureux enfans du besoin ou de l'aisance, vous, que l'abus du pouvoir a tenus si long-temps captifs! Le règne des prohibitions est passé. Volez sur les ailes de la Liberté vers tous les lieux où il y a des hommes; rendez le riche tributaire du pauvre, maintenez entr'eux cette dépendance mutuelle qui garantit la stabilité de l'ordre civil; corrigez les erreurs de la nature dans les climats qu'elle a traités en marâtre; semez par-tout l'agrément avec l'utilité.

Rien n'est impossible aux Arts éclairés par la Philosophie & protégés par les Souverains. Que d'avantages n'ont-ils pas procuré aux hommes, malgré les entraves qui les gênaient? Que ne feront-ils point aujourd'hui que ces entraves sont brisées avec celles de l'Océan? Déjà ils ont appris à subjuguer le seul des élémens qui eût échappé jusqu'ici à leurs efforts : l'air a ses Argonautes, comme la mer eut autrefois les siens ; ils viennent de réaliser une partie des brillantes rêveries de Fontenelle. Je ne prononcerai point sur ce nouvel essor de l'esprit humain ; mais je sais que les plus grandes découvertes ont eu dans leur principe des progrès moins rapides, moins encourageans que celle de Montgolfier. N'offre-t-elle pas d'ailleurs une nouvelle preuve de l'énergie que la révolution du système politique a communiquée à tous les esprits ? L'heureuse perspective que les individus & les Peuples ont devant leurs yeux, leur a donné un caractère de grandeur & de confiance ; la sphère des idées s'est accrue avec celle des ressources : dans peu l'homme ne verra plus rien où il ne puisse atteindre.

En vain la superstition (1) si contraire aux progrès des connaissances humaines, s'efforce-t-elle à ranimer sur les rives du Tage les accens de sa voix expirante ; ce monstre sera bientôt forcé dans ses derniers retranchemens : on peut du moins assurer que ses exhalaisons impures n'obscurciront plus les lieux qui l'ont déjà repoussé de leur sein. Ils ne sont plus ces siècles où les Conquérans, poussés par l'indigence & la cruauté, se succédaient rapidement les uns aux autres, & ne laissaient pas aux Beaux-Arts

---

(1) La machine aérostatique a été proscrite à Lisbonne par un décret de l'Inquisition.

le temps de s'établir sur des fondemens solides ; où les Sciences proscrites dans une contrée, ne renaissaient dans une autre, que pour y subir incessamment le même sort ; où l'incendie d'une Biblothèque menaçait de replonger l'Univers dans l'ancien chaos.... L'Imprimerie, en faisant circuler les lumières dans toutes les Classes de la Société, & la Politique moderne, en rendant les Etats plus stables, ont mis les Sciences à l'abri de ces déplorables vicissitudes : mais que ne doivent-elles pas sur-tout au Commerce ? C'est lui qui a porté leur germe dans les climats les plus âpres, où les fleurs déjà écloses annoncent la maturité prochaine des fruits ; maintenant que son théâtre est devenu plus vaste, elles le parcourront naturellement avec lui ; encore quelques années, & leur Empire ne connaîtra d'autres bornes que celles du monde.

Qu'on ne dise plus que le Commerce, les Arts & les Sciences n'élèvent les Empires au plus haut degré de gloire, que pour rendre leur chûte plus terrible, que les Nations isolées & pauvres triompheront toujours des Nations opulentes & civilisées ! Je respecte la mémoire des Grands Hommes qui ont publié cette décourageante Doctrine ; mais ils ont jugé de l'avenir par le passé : ils ont vu dans l'Histoire des Empires une marche constante, & ils ont faussement cru que c'était celle de la nature ; parce que Tyr, Carthage, Athènes, Bagdad, dûrent leur Puissance aux mêmes moyens, & la perdirent par les mêmes caufes, ils ont dit que tous les Etats fe formeraient dans la Barbarie, s'agrandiraient par les Armes ou par les Arts, & fe détruiraient par le luxe (1); au lieu de raifonner fur

(1) On ne ceffe de crier que les richeffes & les lumières entraînent toujours après elles un luxe deftructeur. Envifagée fous ce rapport, cette grande révolution ne doit-elle pas produire plus de mal que de bien? Oui, fi fon influence n'était pas générale, & fi un petit nombre de peuples pouvait conferver le privilège exclufif de s'approprier les dépouilles de l'Univers. Le luxe n'eft funefte à un Etat qu'autant qu'il favorife par fes effets les entreprifes de quelques membres ambitieux ou d'un voifin moins énervé; mais les Nations & les particuliers pouvant donner déformais un libre cours à leurs fpéculations, acquerront des richeffes proportionnées à leurs reffources naturelles, civiles & politiques : c'eft ainfi que le luxe, en devenant refpectif d'individu à individu, comme de peuple à peuple, ceffera d'être nuifible & odieux; ou pour mieux dire, ce que les hommes jufqu'ici ont appelé luxe, ne fera plus qu'une grande confommation des productions de la terre, qu'un objet d'encouragement pour le travail & l'induftrie.

Je ne parle pas de ce luxe qui confifte dans une vaine oftentation, qui porte un particulier à dépenfer au-delà de fes facultés réelles, & à dévorer en un inftant le patrimoine d'une famille entière; cette extravagance fi commune de nos jours, ne peut pas durer long-temps; comme elle fuppofe une privation abfolue de jugement, les progrès de la raifon effaceront bientôt jufqu'aux traces de cette étrange efpèce de luxe : il en fera de cet efprit de rivalité qui pouffe encore les hommes à fe faire diftinguer par l'étalage d'un

l'ensemble des Peuples qui composent l'Univers, ils les ont envisagés séparément. Ils ne se sont pas apperçus que l'âge du monde politique a ses époques morales & ses crises ainsi que celui de la vie humaine, & qu'après avoir successivement éprouvé pendant plusieurs siècles les faiblesses de l'enfance & les orages de la jeunesse, il devait nécessairement arriver à sa maturité. Ils ne se sont pas apperçus que le délire des passions qui tourmentaient depuis long-temps les Souverains, préparait une grande révolution. Ils n'ont pas prévu que le Commerce & les Arts s'élanceraient enfin au-delà des digues qui arrêtaient leur cours, qu'ils répandraient dans tous les lieux de la terre les lumières de la raison, que par conséquent il n'y aurait plus de Nations barbares, ni de Nations conquérantes, qu'il s'établirait entre tous les Gouvernemens un équilibre d'intérêts, de connaissances, de mœurs, de ressources & de forces.

Heureux le siècle où nous vivons ! Il a fait plus de pas vers la perfection de l'humanité que tous les autres ensemble. La Raison ensevelie sous les ruines de la Grèce n'avait encore pu se faire entendre chez les Nations modernes que par la bouche

---

faste outré, comme de la jalousie qu'excite dans le cœur d'un enfant l'aspect de quelques grelots plus jolis que les siens, & qui n'ont plus d'attraits pour lui, quand les facultés de son ame se sont développées avec l'âge.

d'un

d'un petit nombre d'hommes privilégiés ; pour rendre son empire universel, il fallait qu'elle pénétrât dans l'ame des Princes. Elle a opéré enfin ce prodige : parvenue à s'asseoir avec Louis sur le premier Trône du Monde, c'est elle qui lui a inspiré le sublime projet qu'il vient d'exécuter ; c'est de là qu'elle donnera aux autres Puissances le signal de la modération, qu'elle les éclairera sur leurs véritables intérêts, & qu'elle prendra insensiblement les rênes de tous les Corps politiques.

Je ne sais si mon imagination, exaltée par le patriotisme, m'entraîne trop loin ; mais je crois entrevoir l'époque où les Nations, abjurant leurs antiques erreurs, ne feront plus consister leur gloire dans leur destruction mutuelle : convaincues qu'il est plus utile d'entretenir des liaisons d'intérêt avec un Etat riche qu'avec un Etat pauvre, elles changeront leur rivalité en émulation; convaincues que par la nature & la nécessité de ces liaisons, il ne peut pas exister de prospérité exclusive, elles réuniront leurs vœux & leurs efforts pour la prospérité générale ; convaincues que l'idée de guerre répugne à l'idée de commerce, parce que l'une est un art destructeur, & l'autre un art nourricier, elles étoufferont leurs haines pour adopter le plan de cette République de Frères, dont le célèbre Penn a prouvé la possibilité dans une petite Contrée, & qu'un Monarque puissant & humain aurait peut-être établie dans l'Europe entière, s'il eût vécu assez long-temps.   C

Un tel avenir ne fût-il qu'une brillante illusion, il eſt du moins probable que les guerres feront déformais plus rares. La jalouſie du Commerce a été la ſource de la plupart des diſſentions qui, dans les derniers temps, ont bouleverſé le Monde. Les Maîtres de la Mer & de la Terre étaient comme ces deux élémens qui, par l'oppoſition de leurs efforts naturels, tendent réciproquement à ſe détruire. L'anéantiſſement des privilèges excluſifs doit infailliblement entraîner l'extinction de cette antipathie nationale dont ils étaient le principe. Dèslors les mouvemens extérieurs des Etats ſe réduiront à une ſimple concurrence qui produira tout au plus des diviſions paſſagères & rarement ſanglantes. Ce n'eſt pas tout : le repos du genre humain dépendait de quelques Nations prédominantes de l'Europe, & ſouvent d'une ſeule; un coup de canon ſuffiſait pour embraſer le Globe dans toutes ſes parties, parce que les petits Souverains ſe trouvaient engagés malgré eux dans les querelles des grandes Puiſſances, à peu-près comme les Satellites d'une planète ſont entraînés par ſon tourbillon. On ne verra plus ſe renouveler ces horribles ſcènes ; le nouvel Empire de l'Amérique, commerçant par ſa poſition, & par conſéquent intéreſſé à maintenir une paix générale, fera reſpecter les droits des Nations faibles en les protégeant contre les entrepriſes des Princes inquiets ou ambitieux, contiendra le deſpotiſme de l'Europe, & par ſon immense contre-poids affermira la tranquillité de l'Univers. Quelle Puissance pourrait détruire cet équilibre, sur-tout si l'Amérique & la France restent toujours unies ? Ah ! sans doute cette union sera inaltérable ! Est-il de liens plus indissolubles que ceux qu'ont formés les bienfaits & la reconnaissance ?

Réfuterai-je ici l'opinion de ces Spéculateurs bornés qui reprochent à la France d'avoir tout fait pour sa gloire & rien pour ses intérêts ? Ils n'apperçoivent donc pas le grand avantage qu'elle doit directement retirer de cette révolution (1). Comme

---

(1) Les bornes d'un Discours académique sont resserrées, & ne permettent pas d'entrer dans des détails qui le feraient dégénérer en pure dissertation. C'est pour cela que parmi les avantages immenses que cette révolution doit procurer à tous les Peuples, j'ai tâché de saisir ceux qui auront un rapport plus immédiat au bonheur de l'humanité. Mais comme certains Frondeurs accusent les Cours de Versailles & de Madrid de n'avoir pas assez profité des circonstances critiques où se trouvait l'Angleterre, examinons si, même aux yeux d'une politique intéressée, ce reproche peut être fondé.

Par le Traité de Paix, la France a recouvré le Sénégal, où elle pourra former un commerce vaste & lucratif, indépendamment des routes de communication que ce nouvel entrepôt lui ouvrira vers les autres contrées de l'Afrique. La possession de Tabago, outre qu'elle est très-précieuse par elle-même, vivifiera la Guyanne & les Isles du Vent par la correspondance qu'elle va établir entre ces différentes Colonies, & facilitera le moyen de les élever au degré de prospérité dont elles sont susceptibles. Parmi tant de beaux éta-

Puissance territoriale, elle n'avait rien à désirer ; comme Puissance maritime, elle semblait être sous la dépendance de Londres ; elle s'est affranchie de ce joug honteux. En favorisant dans l'Amérique l'établissement d'une nouvelle Puissance maritime, elle a ôté à l'Angleterre l'espoir de recouvrer sa

blissemens que la France avait formés au nord de l'Amérique, le Traité de 1763 ne lui avait laissé que les Isles de St. Pierre & de Miquelon ; encore même ne lui était-il pas libre d'y pratiquer des fortifications pour les souftraire aux entreprises des Corsaires Anglais. Ces Isles, jusqu'à présent onéreuses, lui seront de la plus grande utilité en protégeant ses Pêcheurs dans le Banc de Terre-Neuve, & ses Navires chargés des richesses des Antilles. Les concessions qui lui ont été faites dans l'Inde, sont plus importantes encore ; elles défendront ses Négocians contre les insultes des Anglais & des Nababs ; elles lui ouvriront une source intarissable de richesses dans cette région, la plus fertile de l'Univers. Elle n'aura plus la douleur de voir ses Vaisseaux devenir la proie des Corsaires à l'entrée de la Manche, devant ses Ports mêmes ; les fortifications de Dunkerque, ce monument honteux des deux derniers règnes, vont être relevées, &c. &c.

Si la paix a été plus utile à l'Espagne qu'à la France, c'est que celle-ci a voulu cimenter par des sacrifices généreux l'union que la nature & la politique ont fait succéder entre ces deux Puissances à une rivalité de plusieurs siècles. L'Angleterre, dans ses beaux jours, portait ses regards avides jusques vers l'Amérique méridionale, & y projetait des établissemens qui un jour auraient pu lui en faciliter la conquête ; affaiblie par son démembrement, obligée de céder aux Espagnols la Floride orientale & les conquêtes qu'ils funeste prépondérance ; c'est ainsi que, même sans accroître ses forces navales, la France se trouvera sur l'Océan au niveau de la Grande-Bretagne ; & comme les Etats profiteront de la liberté des Mers, à raison du superflu qu'ils auront à échanger, elle fortifiera tous les jours la supériorité que la nature, sous ce rapport, lui a donnée sur le Continent. Voilà sans doute ce que LOUIS & son Ministre ont

avaient faites dans les Antilles, privée des bénéfices immenses que lui procurait son commerce interlope autour du Golfe du Mexique, elle n'aura plus sur le nouvel hémisphère cette prépondérance dont elle abusait avec tant de hauteur. La possession de Minorque l'avait rendue l'Arbitre de la Méditerranée, d'où elle étendait son influence jusques sur l'Italie ; en perdant cette Isle importante, elle a perdu aussi l'injuste pouvoir de gêner l'activité renaissante de la Nation Espagnole. Gibraltar, il est vrai, n'a pas été rendu à ses Maîtres naturels ; mais l'Anglais ne s'applaudira pas long-temps d'avoir conservé une Place qui, ne produisant rien par elle-même, & ne tenant à ses Ports ou à ses Comptoirs par aucune chaîne de communication, deviendra tous les jours à charge à son Gouvernement.

La politique des Bourbons ne leur permettait pas d'imposer à l'Angleterre des Lois plus dures ; un trop grand accroissement de puissance aurait alarmé l'Europe ; & au lieu qu'ils n'avaient pris les armes que pour rétablir le calme dans l'Univers & affranchir les Nations du despotisme Britannique, ils auraient semé le germe d'une guerre universelle & interminable, s'ils n'eussent jeté, par leurs sacrifices, les fondemens d'une paix solide.

envifagé relativement à leur Nation ; mais combien l'humanité n'a-t-elle pas eu plus de part encore à la grandeur de leurs vues ? Ils lui ont rendu toute fon énergie, & fon effor ne fera plus limité que par la raifon ; la Philofophie, encouragée par le fpectacle de l'Amérique, ne fera plus arrêtée dans fes progrès, & réalifera infenfiblement cette fublime théorie qu'on a regardée jufqu'ici comme impraticable. Alors les combinaifons artificieufes de la politique feront remplacées par la franchife & la bonne foi ; à ces maximes étroites qui préfidaient aux fpéculations de chaque Etat, de chaque individu même, fuccéderont des principes vaftes, communs à toutes les Nations, & capables de concilier enfin leurs intérêts refpectifs.

Le reffentiment qui aveugle l'Anglais, ne lui permet pas encore d'envifager ces grands objets avec les yeux de l'impartialité. « Cette tendance » générale des hommes vers la paix & le bonheur, » eft, dit-il, plus chimérique que jamais. » Il fuppofe donc que la génération préfente & les générations futures feront plus infenfées, plus barbares que celles des fiècles paffés. « La France, en épou- » fant la caufe des Etats-Unis de l'Amérique, a » autorifé les Nations à rompre les nœuds qui les » attachent aux Souverains. » HENRI IV ne favorifa-t-il pas l'indépendance de la Hollande ? A quel Souverain cet exemple infpiré par la Juftice devint-il funefte ? « Tous les Peuples du nouveau

» Monde, enhardis par les succès des Etats-Unis, » secoueront le joug de l'Europe. » Pourrait-on leur en faire un crime, si ce joug dégénère en tyrannie? J'ose même avancer qu'il serait plus avantageux à l'Europe de les avoir pour Alliés que pour Tributaires. Sans m'occuper d'une question qui est au moins problématique, il est certain qu'une Nation ne s'arme contre ses Maîtres, que lorsque la vexation est portée à son comble. Les hommes naissent avec l'instinct de la liberté; mais ils savent que l'impulsion de la nature livrée à elle-même, est un véritable esclavage; ils savent qu'ils ont besoin d'être gouvernés, & qu'on est libre sous une domination équitable. Que tous les Souverains se réunissent pour ramener sous le joug de l'obéissance un Peuple qui se révolte contre une autorité légitime, l'intérêt commun de la société leur en fait un devoir. Mais s'il est encore des Gouvernemens assez lâches pour attenter aux propriétés & à la vie de leurs Sujets, & que ces malheureux entreprennent de briser les chaînes substituées par le despotisme aux liens sociaux, qu'on s'intéresse à leurs généreux efforts! qu'on leur aplanisse les chemins de la liberté! Leur cause est celle du genre humain.

Puissances de la terre, la révolution de ma Patrie est une grande leçon pour vous. Elle vous avertit qu'il est dangereux de réduire au désespoir les Peuples que la Sagesse suprême a soumis à vos Lois. L'Empire de l'ignorance, si favorable à la tyrannie, a disparu : on connaît le point où doivent s'arrêter vos prétentions. Si vous êtes justes, vous applaudirez au résultat de l'examen qu'on a eu le courage d'en faire, vos droits en seront plus respectés, & vos Sujets plus heureux.

Et vous, qui venez de recevoir une existence nouvelle, ô mes Concitoyens! si jamais vos passions vous forgeaint des fers, entrez dans le Temple consacré à vos Lois (1), regardez la Statue de Wasington, & vous redeviendrez Hommes. Répandez dans l'Univers les sublimes vertus dont vous avez donné l'exemple. N'oubliez jamais que vous vous êtes annoncés comme les Amis de toutes les Nations : la Paix & le Commerce, voilà les véritables sources de la Grandeur & de la Prospérité des Etats ; c'est sous leurs auspices, que nous verrons s'étendre sur le monde entier une chaîne d'harmonie & de bienfaisance ; c'est par là que la politique & la morale concourront enfin pour faire jouir l'espèce humaine du bonheur auquel l'appelle le vœu de la nature.

(1) Le jour que Wasington abdiqua le Commandement dans la Salle du Congrès, on avait placé une Couronne garnie de joyaux sur le Livre des Constitutions. Tout-à-coup il prend cette Couronne, la brise, & en jette toutes les pièces au Peuple assemblé. Que l'ambitieux César paraît petit auprès du Héros de l'Amérique !

Permis l'impression, ce 2 *Mai* 1784.
LARTIGUE, Juge-Mage.

www.ingramcontent.com/pod-product-compliance
Lightning Source LLC
Chambersburg PA
CBHW060937050426
42453CB00009B/1053